APRENDE A DIBUJAR

edebé

SUMARIO

INTRODUCCIÓN 4

HOJAS 6

FLORES 8

MÁS FLORES Y FRUTOS 10

SETAS 12

ÁRBOLES 14

PEQUEÑOS ANIMALES 16

INSECTOS 18

RANAS 20

PÁJAROS 22

BÚHO Y LECHUZA 24

PATO Y OCA 26

ARDILLA 28

RATONES 30

CONEJOS 32

ERIZO Y MAPACHE 34

CIERVO 36

ZORRO Y LOBO 38

LA CARA: OJOS Y NARIZ 40

LA CARA: BOCA Y OREJAS 42

PEINADOS Y COMPLEMENTOS 44

EMOCIONES 46

GIROS DE LA CABEZA 48

2

MANOS 50

PIES 52

EL CUERPO: ESTRUCTURA 54

EL CUERPO: VOLUMEN 56

NIÑO 58

NIÑA 60

ABUELA 62

CAPERUCITA 64

REY 66

ENANO 68

HADA 70

OTRAS HADAS 72

DUENDES 74

TROLLS 76

BRUJA 78

BRUJO 80

CASA 82

CASTILLO 84

EL COLOR 86

CÁLIDO Y FRÍO 88

COLORES COMPLEMENTARIOS 90

CLARO Y OSCURO 92

APRENDER CON EL TACTO 94

3

INTRODUCCIÓN

Si echamos una ojeada al mundo que nos rodea,
nos damos cuenta de que está lleno de líneas diferentes, de
formas variadas, de luz y de colores.

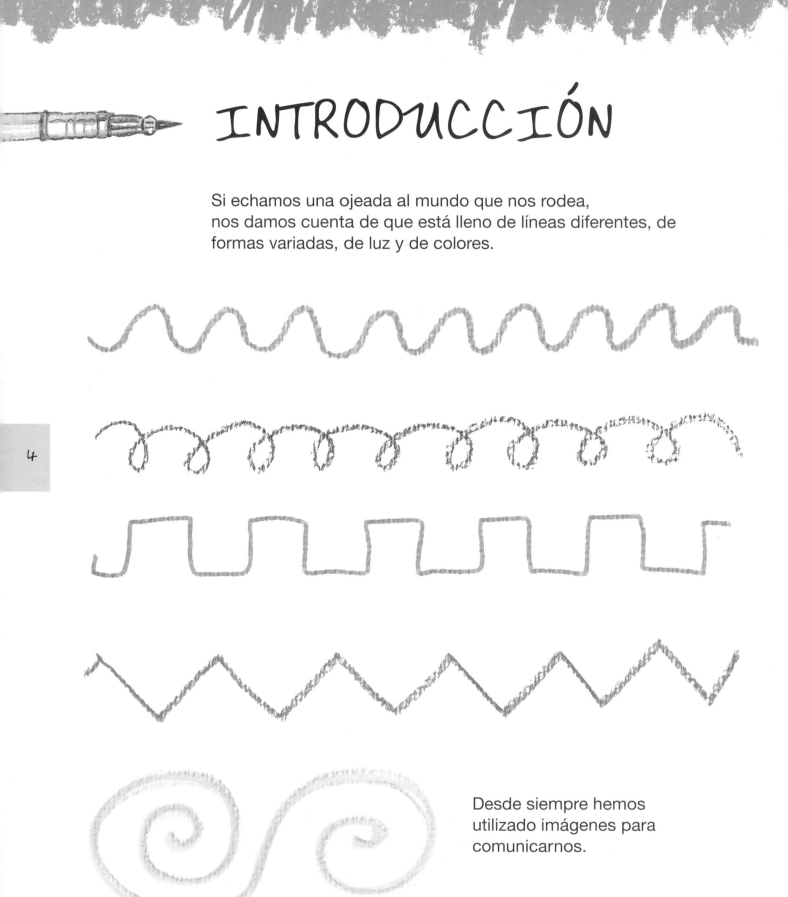

Desde siempre hemos
utilizado imágenes para
comunicarnos.

Este libro nos invita a jugar y nos da algunas
herramientas básicas para
entrar en el mágico mundo
del dibujo.

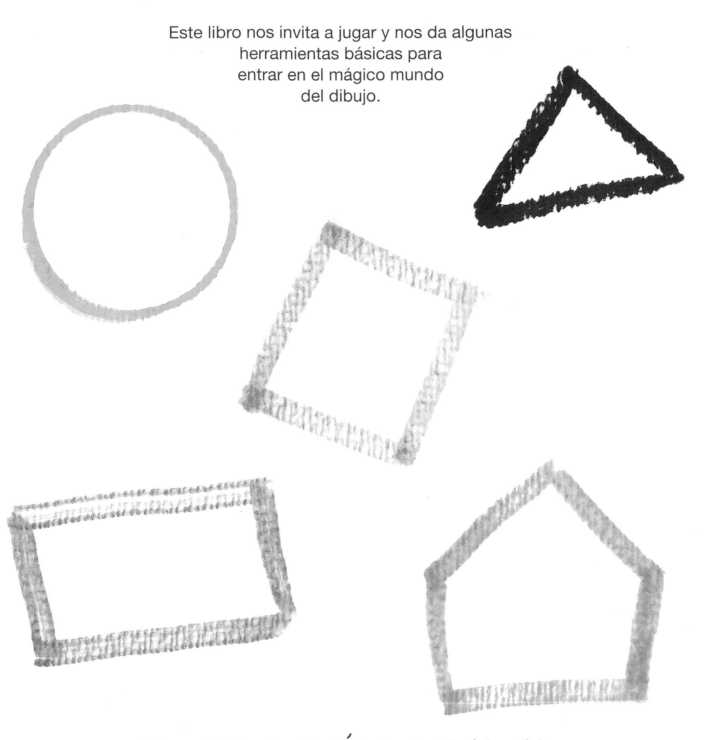

CON EJERCICIOS FÁCILES CREAREMOS,
INVENTAREMOS Y HAREMOS CRECER
LA IMAGINACIÓN.

HOJAS

Con una forma ovalada dibujamos hojas.

1

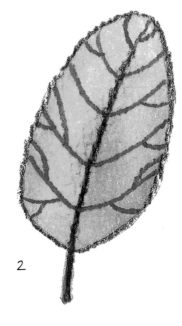

2

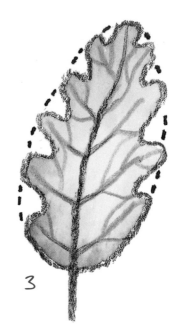

3

Tan sólo cambiando el contorno, obtenemos hojas diferentes.

1

2

Ahora un triángulo.

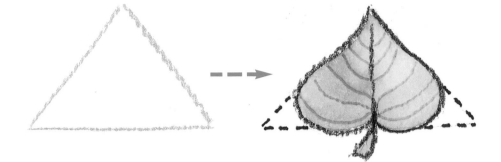

Ahora un círculo.

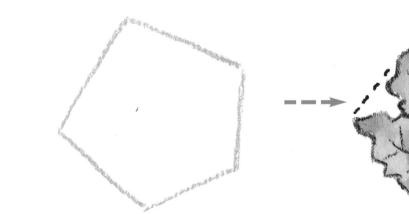

Fíjate en la forma y
en los nervios.

FLORES

1

2

3

Hagamos una flor con dos círculos.

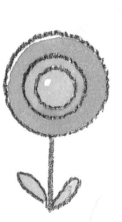

Ahora la dibujamos con tres círculos.

Un círculo.

1

2

3

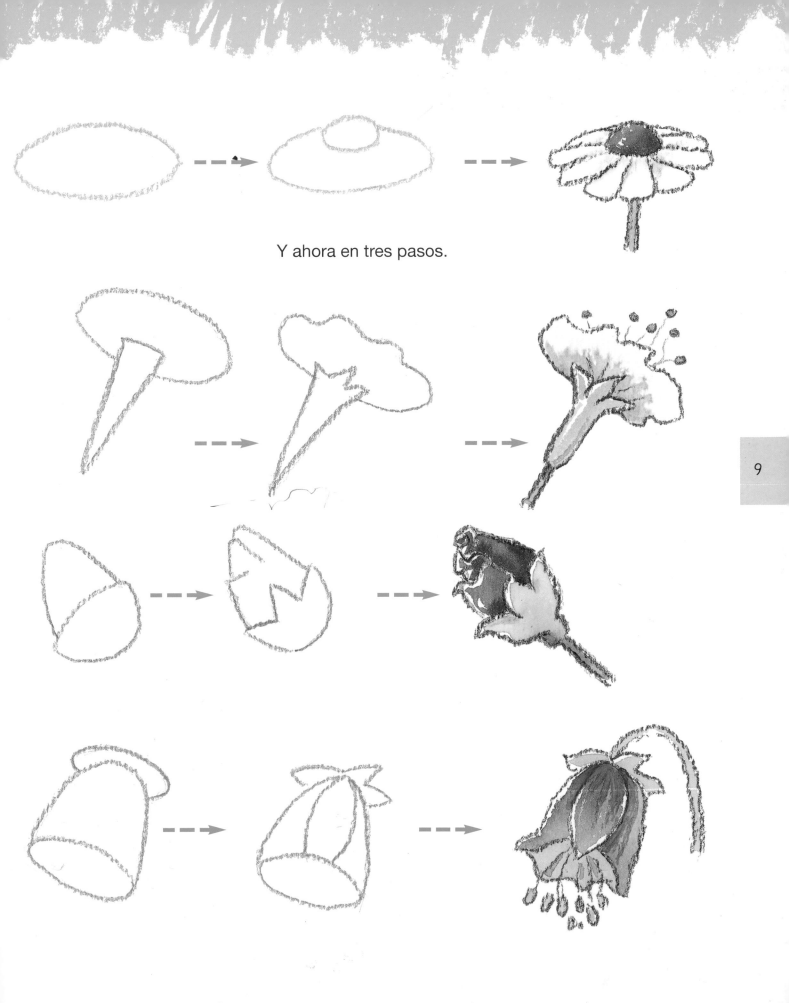

Y ahora en tres pasos.

MÁS FLORES
Y FRUTOS

Hacer una inflorescencia es sencillo.

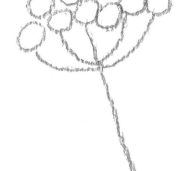

Cada flor es un pequeño círculo.

¡OBSERVA BIEN!

Dibujamos frutos en dos pasos:

Mora

Bellota

Nuez

Castaña

Higo

Fresa

SETAS

En el bosque crecen una gran variedad de setas.

1

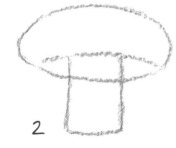

2

3

1

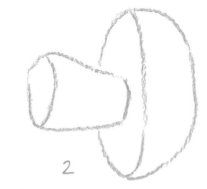

2

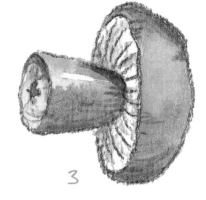

3

1

2

3

1

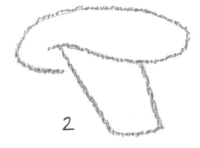

2

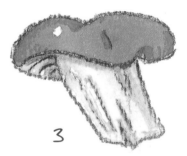

3

Las hay de muchas formas y colores.
Intenta dibujar algunas.

ÁRBOLES

Cuando vayas paseando fíjate en
la forma de los árboles.

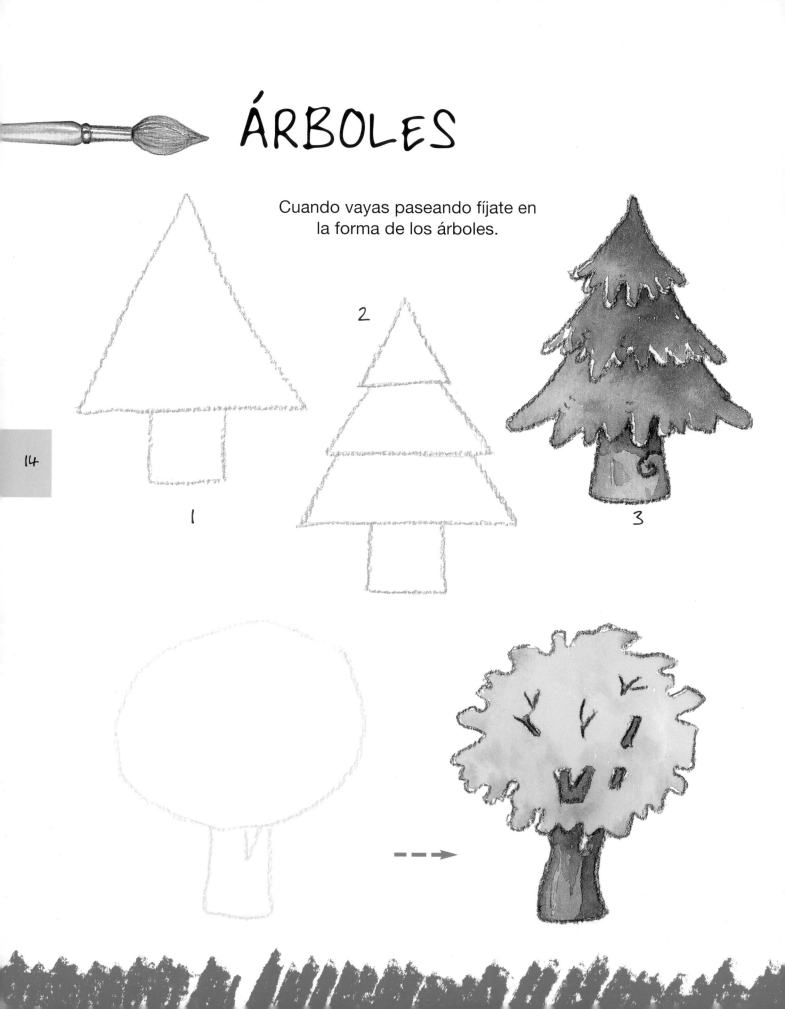

1

2

3

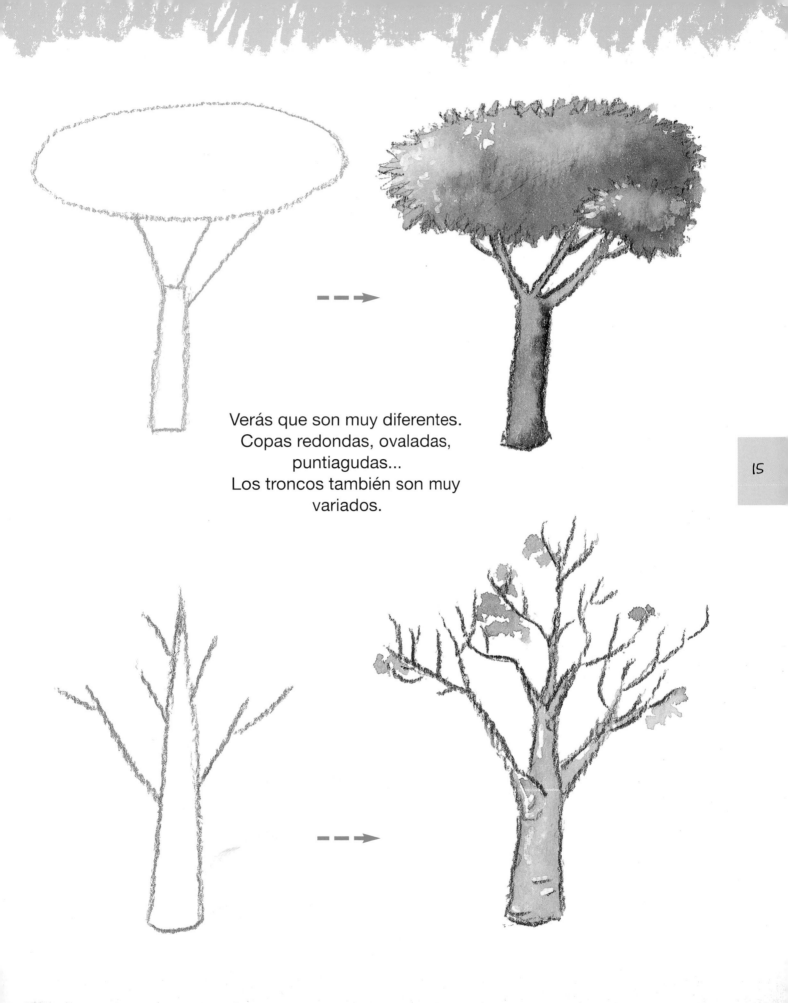

Verás que son muy diferentes.
Copas redondas, ovaladas,
puntiagudas...
Los troncos también son muy
variados.

PEQUEÑOS ANIMALES

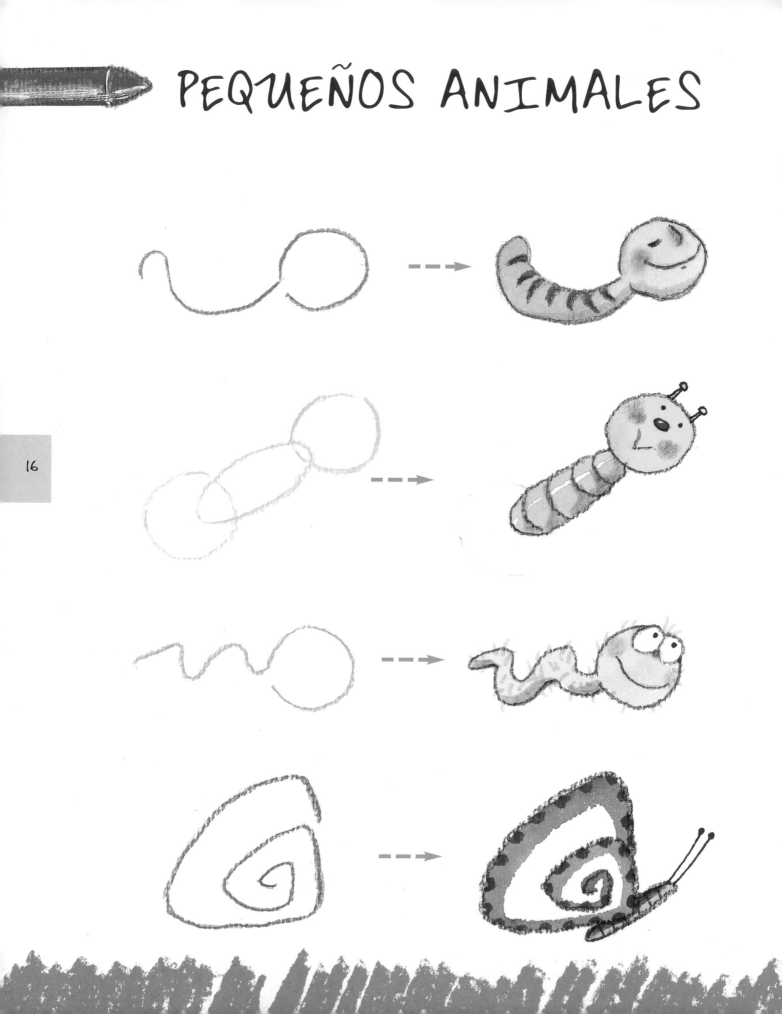

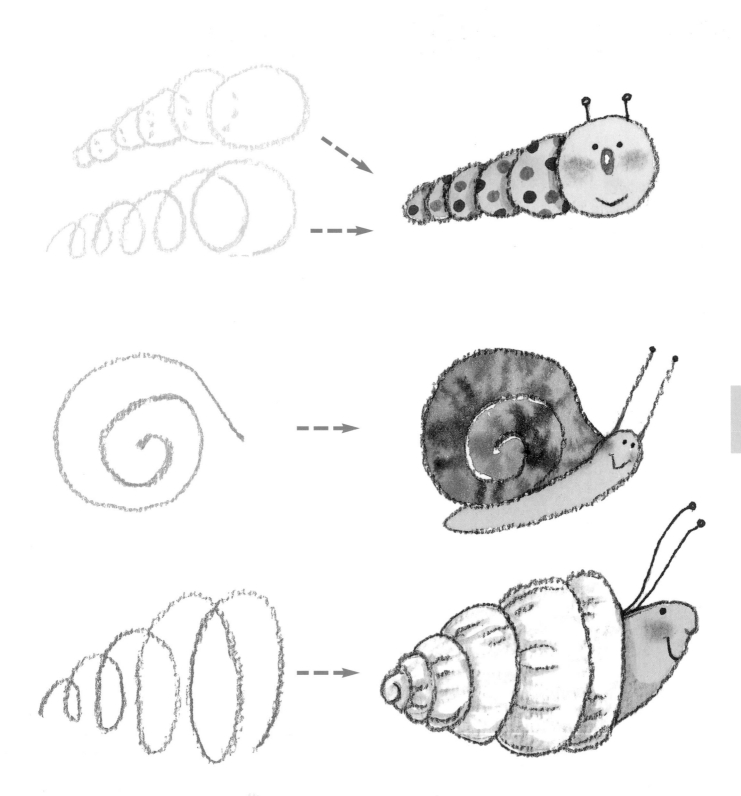

Con círculos, líneas onduladas,
espirales y curvas hemos representado siete
animales.

INSECTOS

Sigue los pasos.

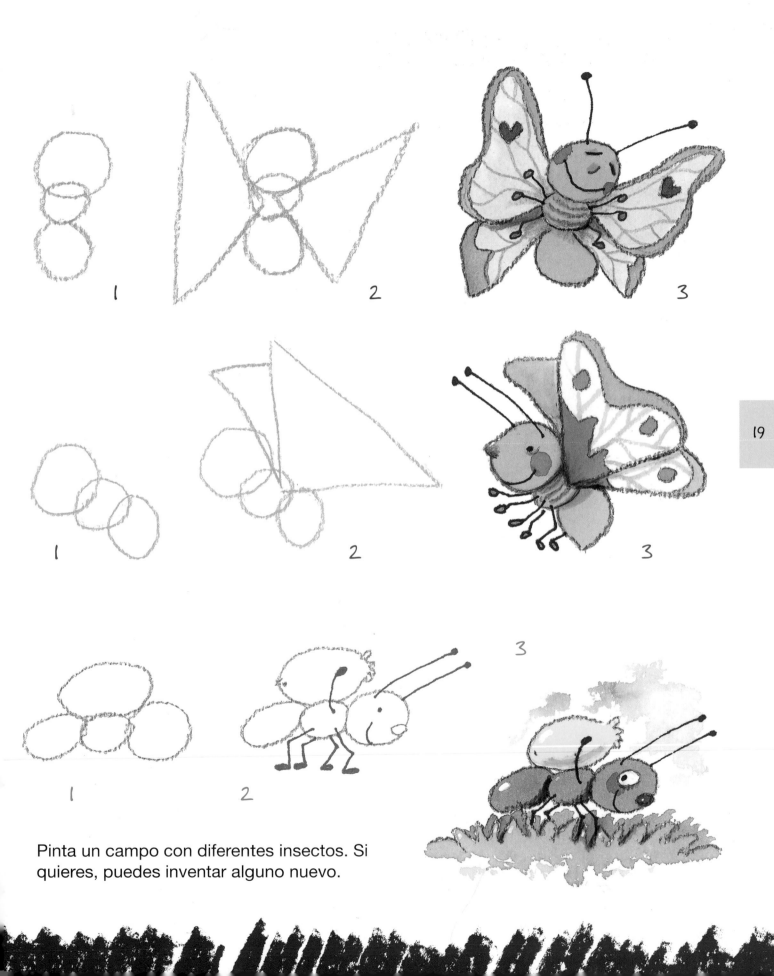

1

2

3

1

2

3

19

1

2

3

Pinta un campo con diferentes insectos. Si quieres, puedes inventar alguno nuevo.

RANAS

Aquí tienes tres ranas diferentes.

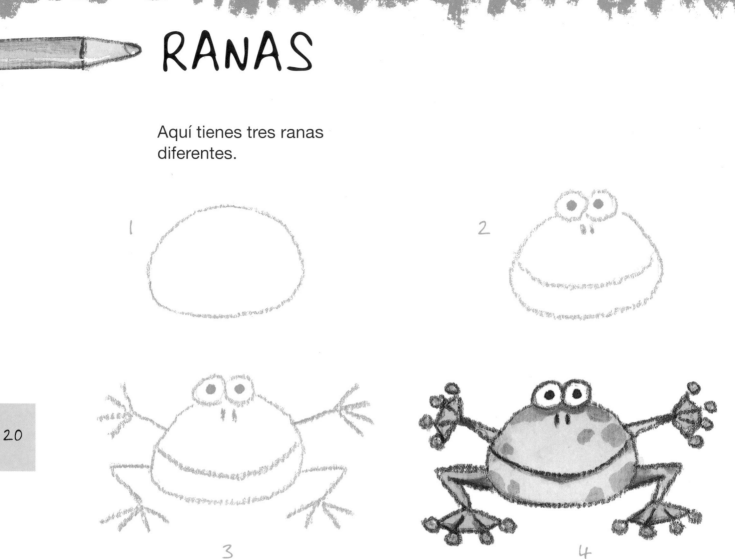

La primera la dibujas en cuatro pasos.
Y la segunda en tres.

¡Seguro que lo consigues!

La tercera rana
es muy parecida
a la primera,
pero le pintamos un
cuerpo.

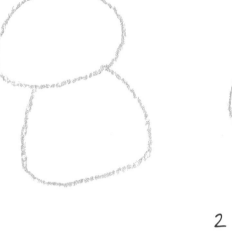

Todas tienen la boca
muy grande y unos
ojos muy redondos.

PÁJAROS

Y aquí tienes unos pájaros hechos en tres pasos.

1

2

Hemos comenzado con una forma ovalada.

Después hemos dibujado el ojo, el pico, el ala y la cola.

3

Para terminar, hacemos las patas y pintamos.

1

2

3

Este pájaro es mucho más redondito que el anterior.

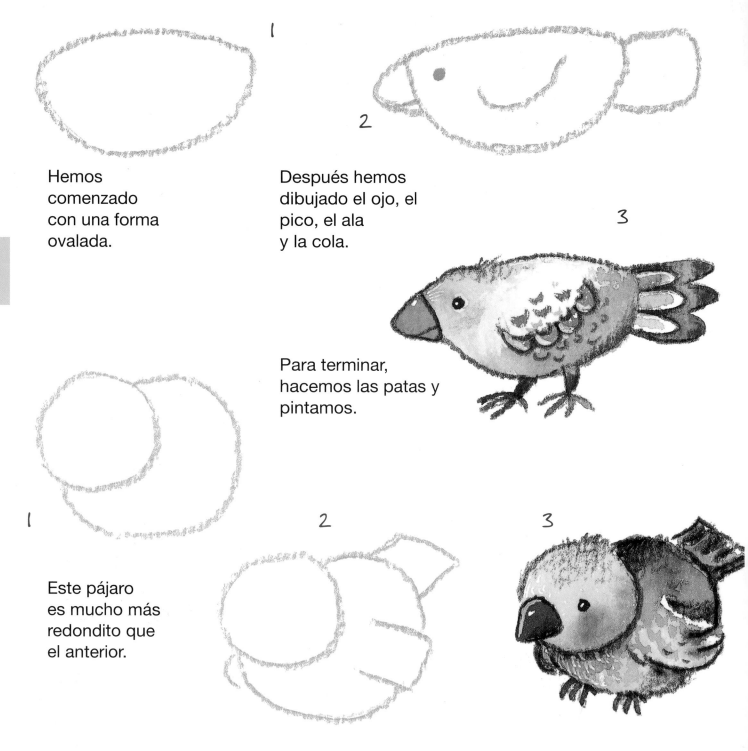

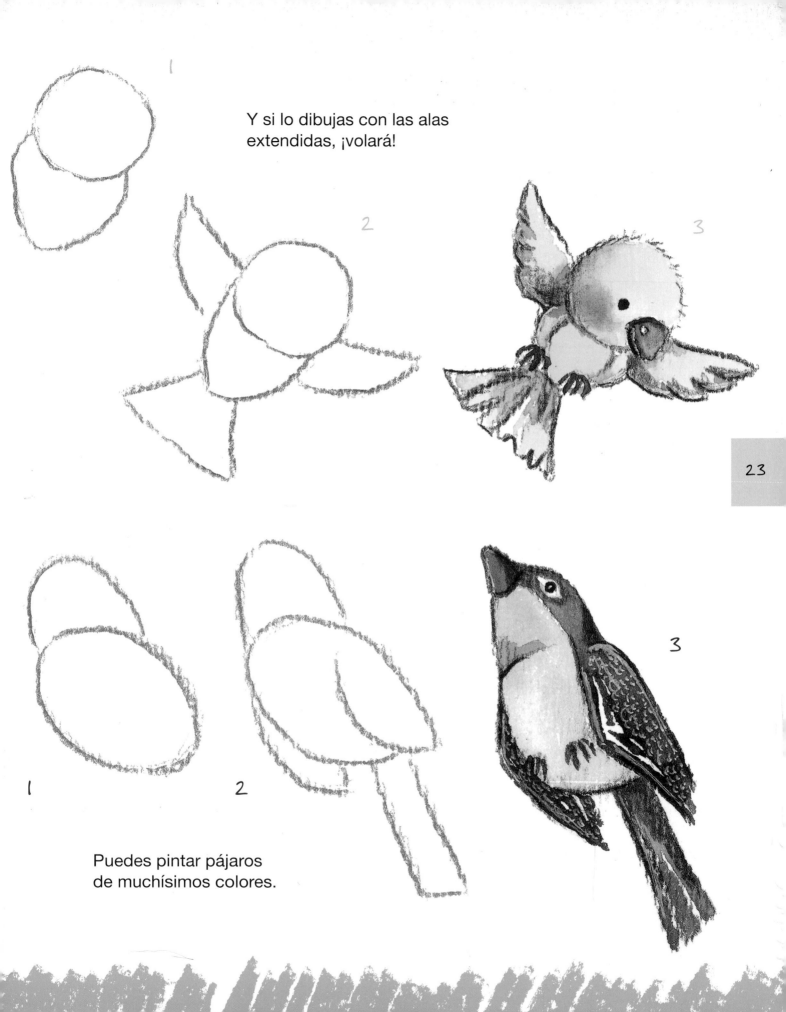

Y si lo dibujas con las alas
extendidas, ¡volará!

Puedes pintar pájaros
de muchísimos colores.

23

BÚHO Y LECHUZA

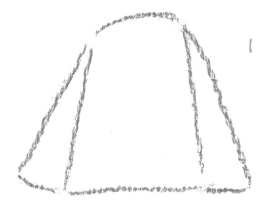

1

Tres formas simples.

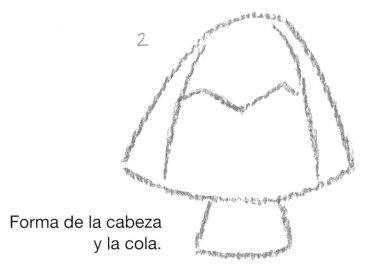

2

Forma de la cabeza
y la cola.

3

Hacemos la cara y
las patas.

4

Pintamos.

1

Tres formas simples.

Le ponemos
los ojos, el pico y
las patas.

2

Hacemos algunos
detalles más.

3

Pintamos.

4

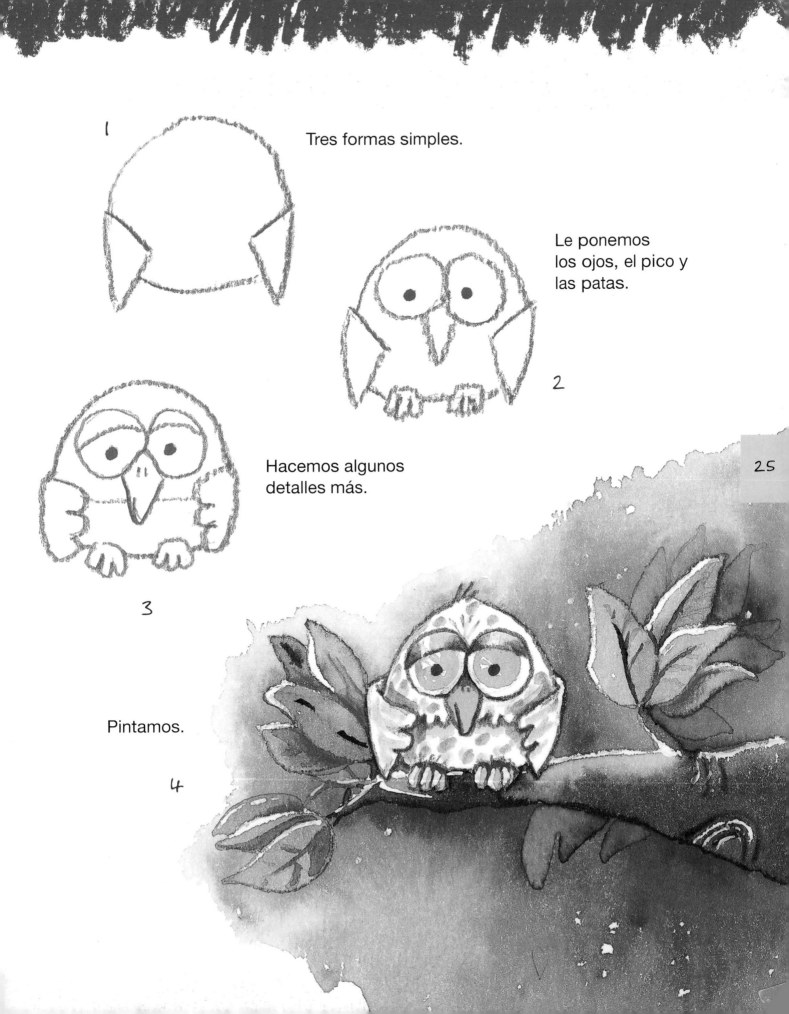

PATO Y OCA

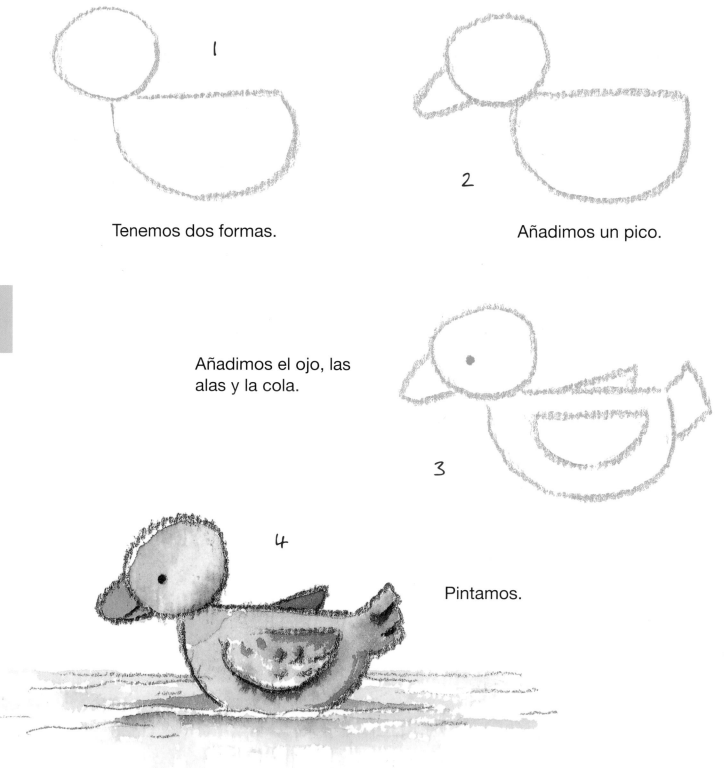

1

Tenemos dos formas.

2

Añadimos un pico.

Añadimos el ojo, las alas y la cola.

3

4

Pintamos.

Las ocas tienen el cuello más largo que
los patos.

1

2

Le dibujamos las dos patas, ya que está encima de la hierba;
también hacemos el ala y la cola.

3

4

Fíjate en que la segunda oca tiene más detalles
que la primera.

ARDILLA

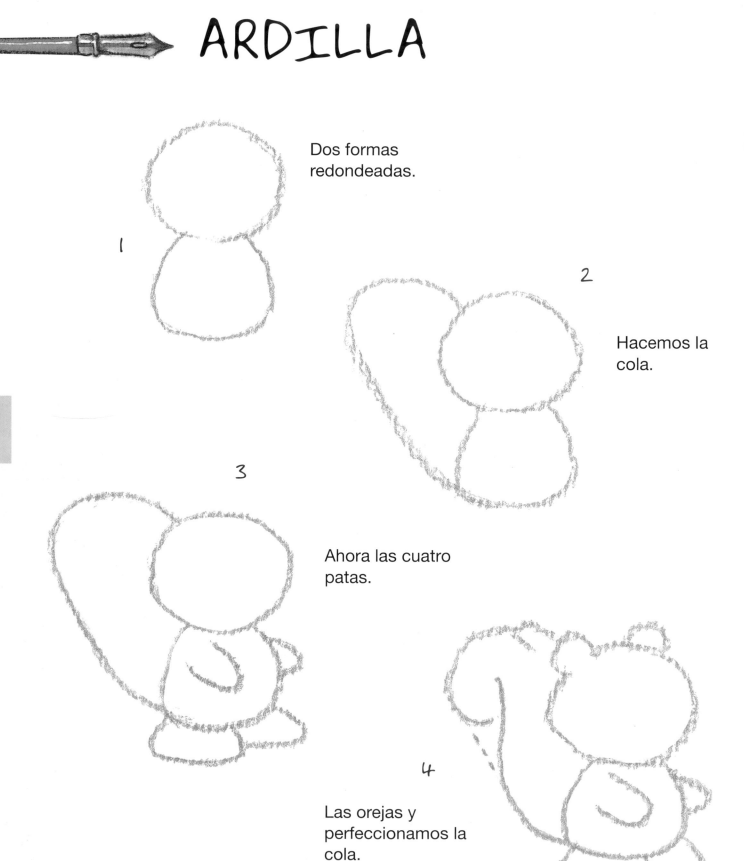

1

Dos formas redondeadas.

2

Hacemos la cola.

3

Ahora las cuatro patas.

4

Las orejas y perfeccionamos la cola.

Dibujamos la cara y
las zarpas y, por
último, lo pintamos
todo.

5

6

RATONES

Dibujar ratones es fácil, lo haremos en tres pasos. ¡Vamos!

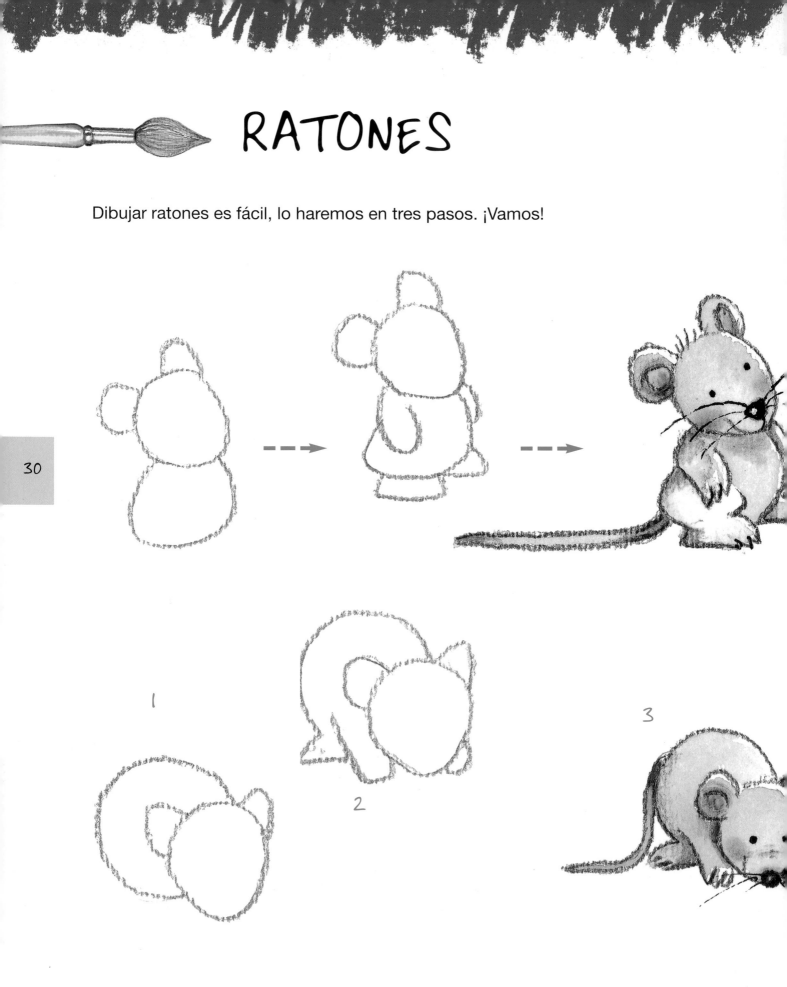

1

2

3

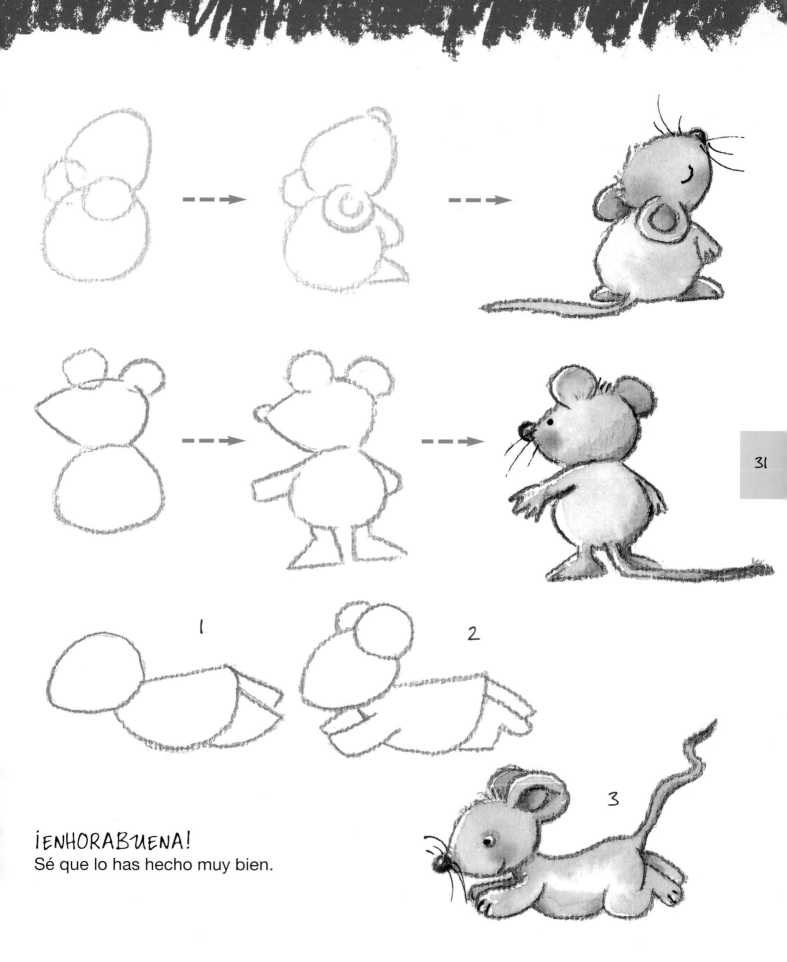

1

2

3

¡ENHORABUENA!
Sé que lo has hecho muy bien.

CONEJOS

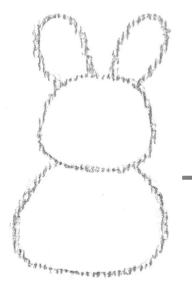

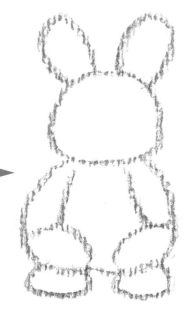

DE FRENTE:
Cabeza, cuerpo,
orejas.

Las patas.

Pintemos.

SENTADO:
Cabeza, cuerpo,
orejas y cola.

Las patas.

Pintemos.

1

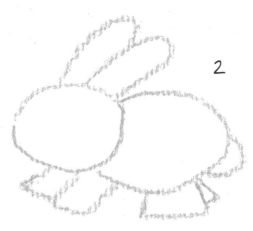

2

DE LADO:
Cabeza, cuerpo, orejas y cola.

Las patas.

3

OBSERVA:
Estos dos conejos
tienen el mismo
cuerpo y la cara
diferente.

Este conejo que está
de espaldas se
empieza a dibujar
igual que
el primero.

ERIZO Y MAPACHE

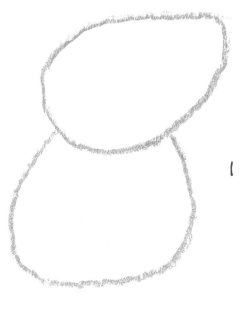

Traza dos formas sencillas que formen la cabeza y el cuerpo.

1

Dibuja la cara y las patas. No te olvides de nada.

2

3

Ahora las púas, recuerda que es un erizo.
Píntalo bien bonito.

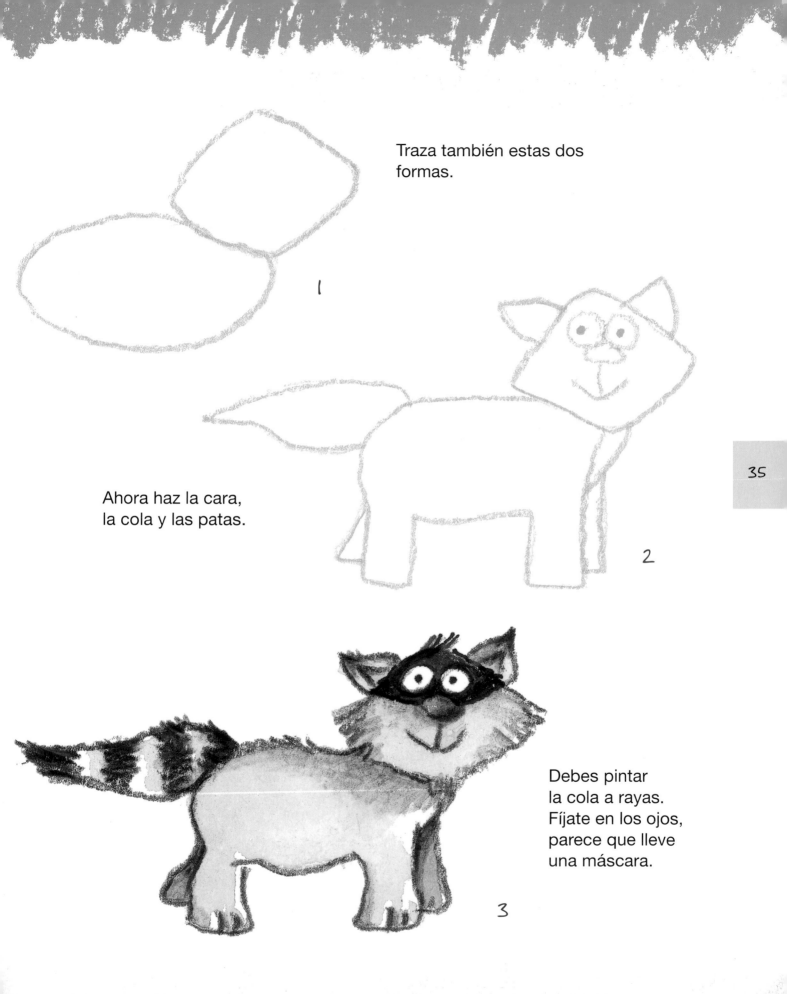

Traza también estas dos
formas.

1

Ahora haz la cara,
la cola y las patas.

2

Debes pintar
la cola a rayas.
Fíjate en los ojos,
parece que lleve
una máscara.

3

CIERVO

Primero hacemos la forma del cuerpo y marcamos las patas.

1

Añadimos la cabeza y el cuello.

2

Perfeccionamos las patas y dibujamos la cola.

3

36

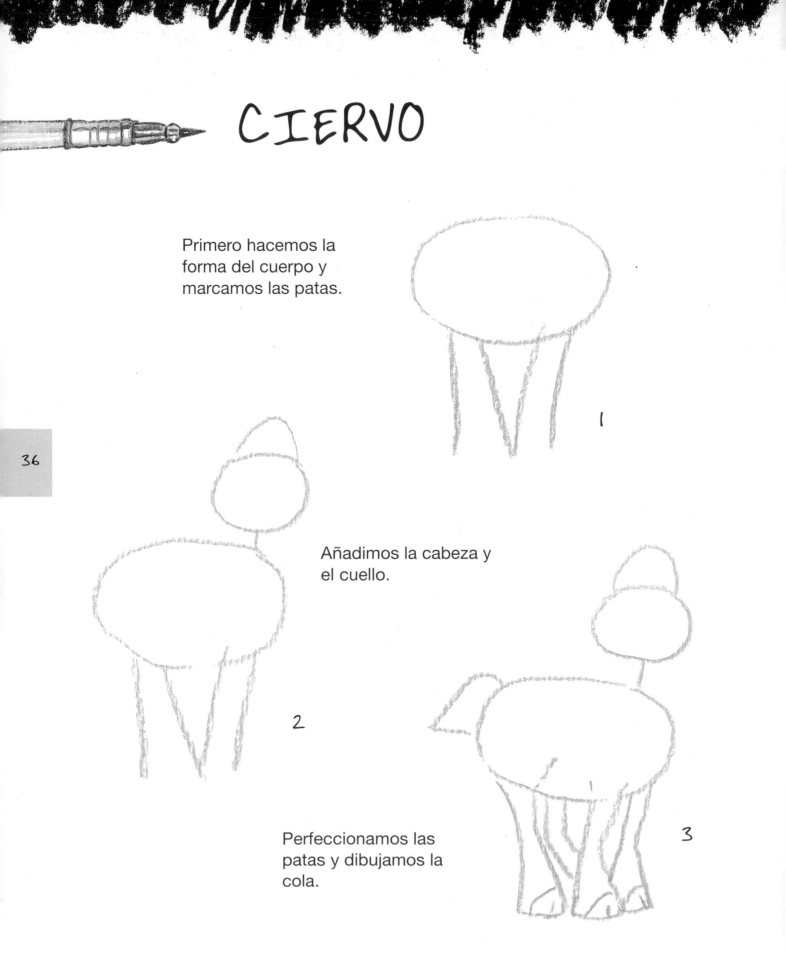

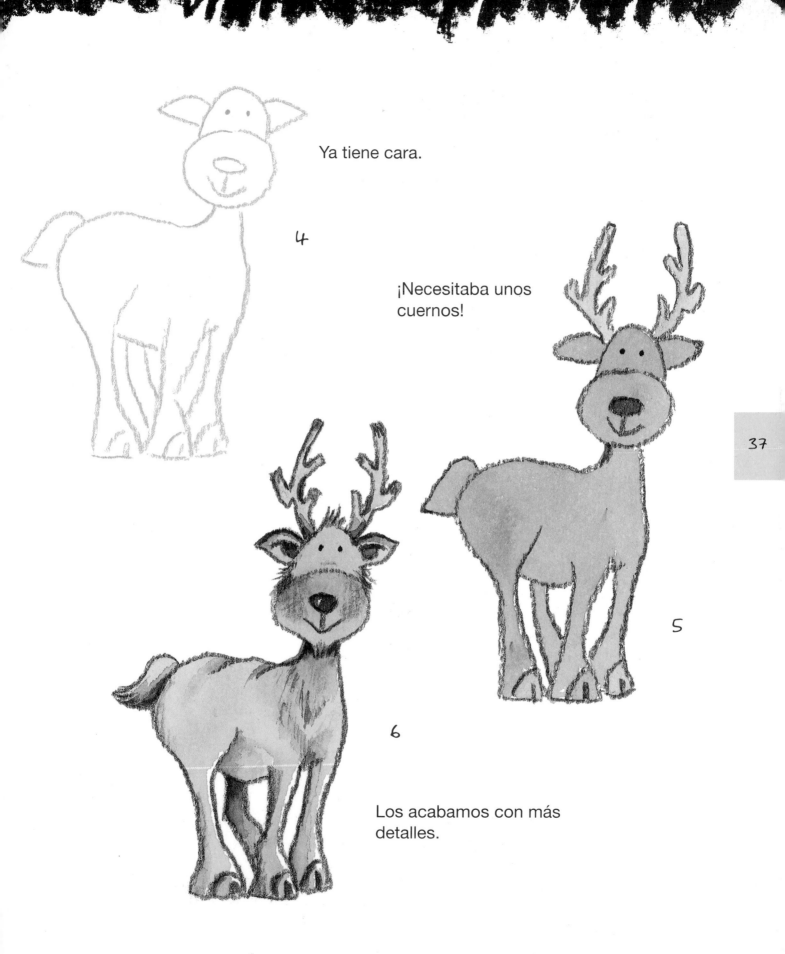

Ya tiene cara.

4

¡Necesitaba unos cuernos!

5

6

Los acabamos con más detalles.

ZORRO Y LOBO

Aquí tienes un zorro de espaldas, hecho en dos pasos.

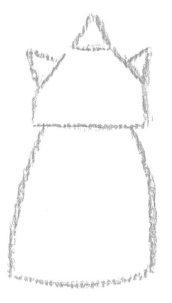

Y ahora de frente, en tres pasos.
Observa bien las formas.

1

2

3

1

En muchos cuentos sale el lobo.
Prueba a dibujarlo siguiendo las
indicaciones.

2

3

4

Es un animal peludo.
Puedes pintarle el pelo
igual que al zorro.

LA CARA: OJOS Y NARIZ

Fijémonos en las diferentes expresiones de una cara a la hora de dibujar.
Los ojos de las personas que nos rodean son: claros, oscuros, grandes, pequeños,
juntos, separados, caídos, abiertos, cerrados...

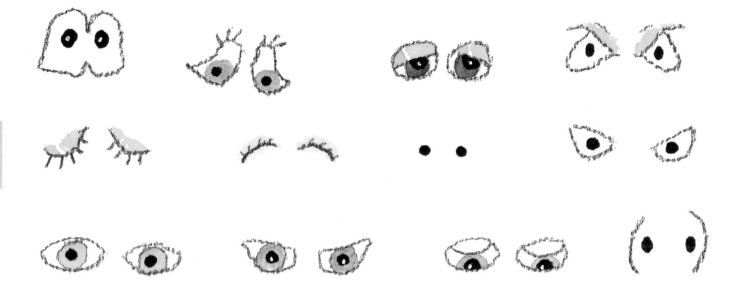

Ahora mira la nariz que tienen:
amplia, pequeña, redonda, corta...

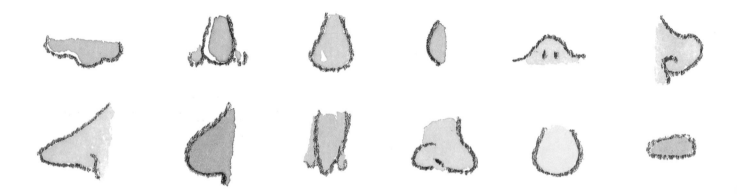

En una hoja en blanco dibuja diversas formas ovaladas o círculos y colócales la nariz y los ojos.

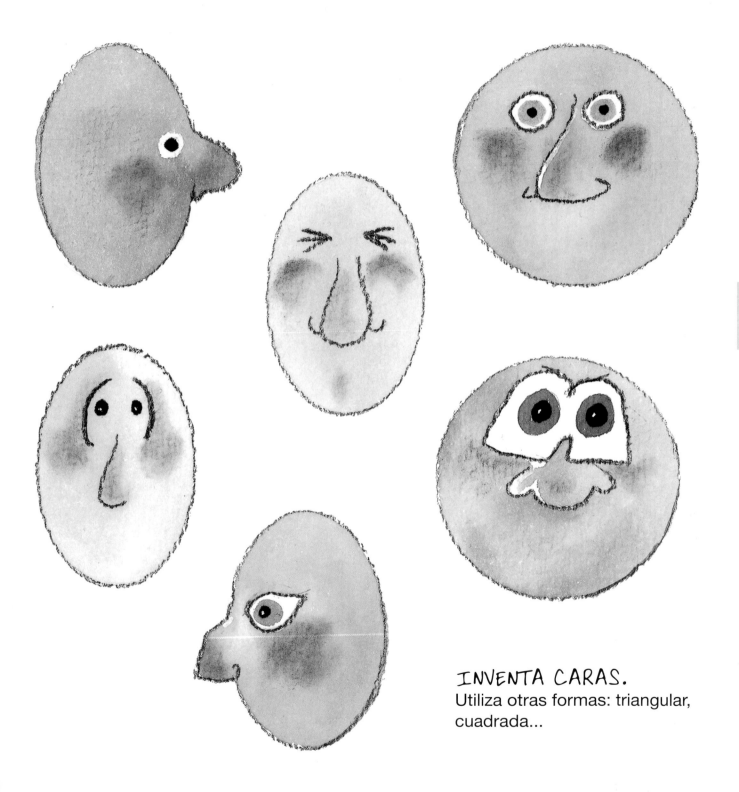

INVENTA CARAS.
Utiliza otras formas: triangular, cuadrada...

LA CARA: BOCA Y OREJAS

También representamos la boca de formas muy diversas.

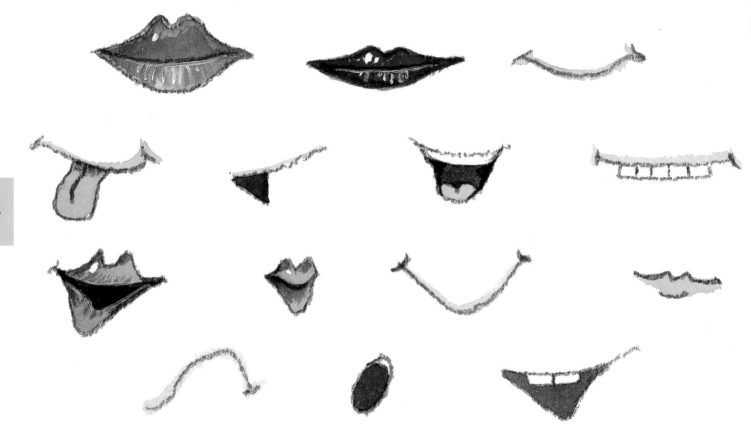

Lo mismo pasa con las orejas.

Sigue descubriendo.
Ponte a pintar ojos, nariz, orejas, boca y cuello.
También cejas y pestañas.

PEINADOS Y COMPLEMENTOS

Observa:
la misma chica
con el peinado
diferente.

¿Y ahora?

Con la misma cara podemos crear
diferentes personajes.

¿QUÉ CAMBIOS SE HAN HECHO?

EMOCIONES

¡Mira bien! Con el trazo expresamos emociones y sentimientos diferentes:

satisfacción

picardía

46

agresividad

enfado

alegría

aburrimiento

miedo

tristeza

presunción

interés

serenidad

vivacidad

TE PROPONGO UN JUEGO:
intenta dibujar una cara de sueño,
una de estudioso y otra de felicidad.

GIROS DE LA CABEZA

Aquí tienes el movimiento de una cabeza.
Pon atención en las dos líneas que se cruzan.

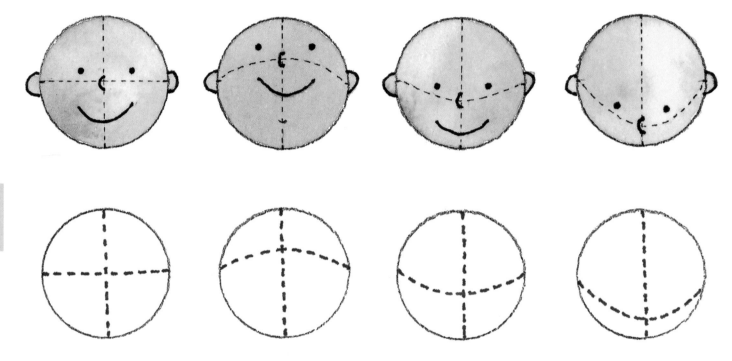

La cabeza se mueve de arriba hacia abajo.

Vemos la barbilla.

No vemos la boca.

Ahora hacemos un desplazamiento lateral.

Nuevamente, pon atención en las líneas que se cruzan.

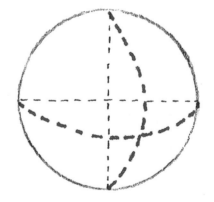

En una hoja blanca esboza unos cuantos
círculos y prueba a hacerlo tú mismo.

MANOS

Las manos son una parte muy importante del cuerpo. También tienen un lenguaje, al igual que la cara.

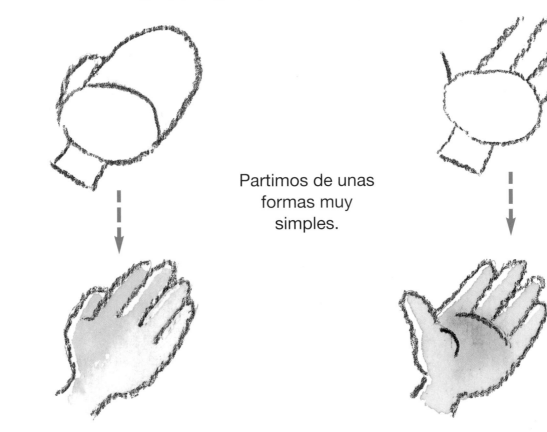

Partimos de unas formas muy simples.

¡Ahora tú! Juega y simplifica estas manos.

Piensa en todas las cosas que tocamos, que cogemos.

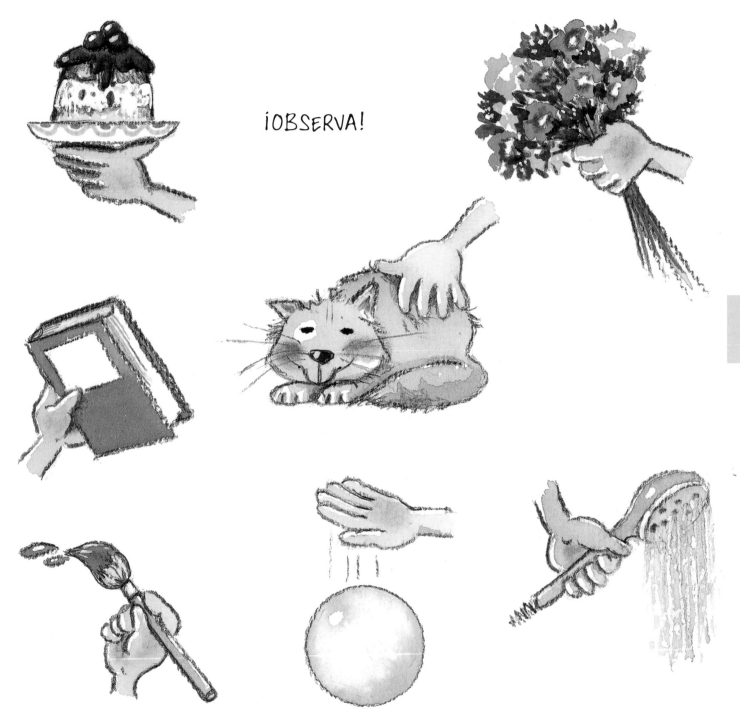

¡OBSERVA!

Puedes hacer una lista muy larga.

PIES

Tres o cuatro formas simples te sirven
de orientación para dibujar los pies.

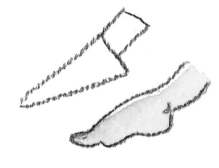

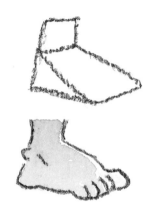

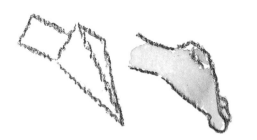

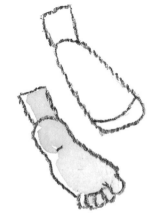

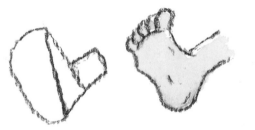

A la hora de poner un calcetín o calzado,
tendremos en cuenta la posición
de cada pie.

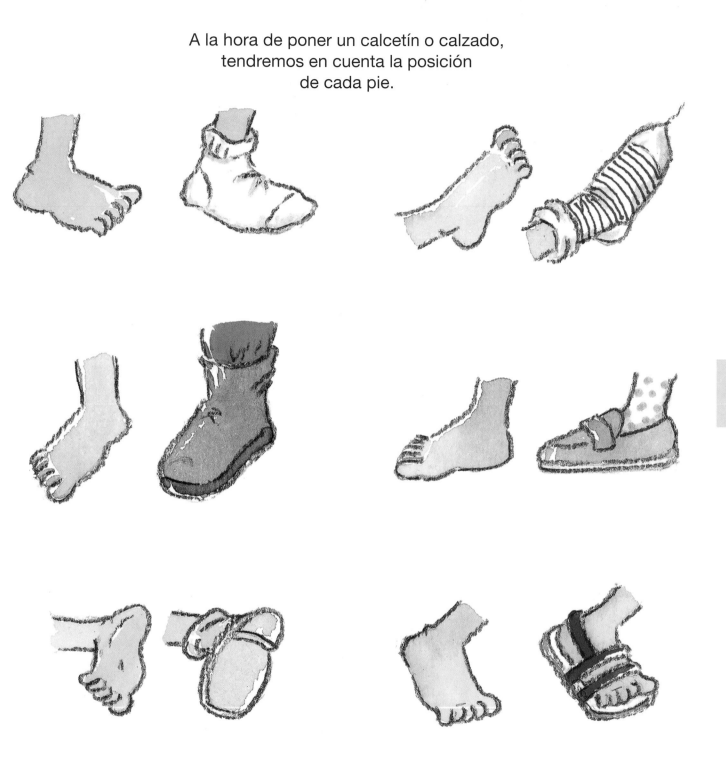

Busca imágenes de pies y simplifícalos como
se indica en la hoja de la izquierda.

EL CUERPO: ESTRUCTURA

1

Aquí tienes una estructura muy simple que podrás utilizar para dar movimiento a un cuerpo.

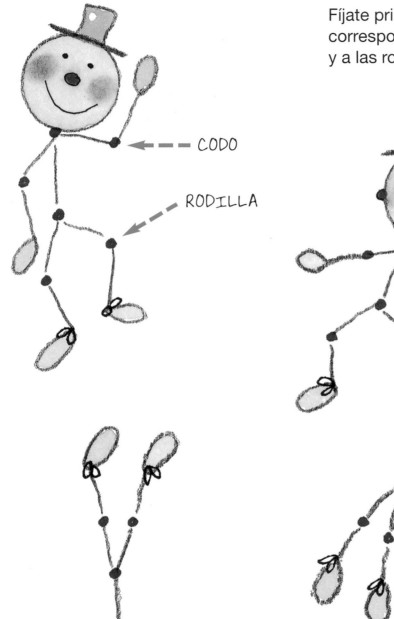

Fíjate principalmente en los puntos que
corresponden a los codos
y a las rodillas.

CODO

RODILLA

JUEGA A INVENTAR TANTAS
POSTURAS
COMO QUIERAS.

EL CUERPO: VOLUMEN

Ahora damos volumen a nuestro personaje.

Sacamos la estructura interior y dejamos el cuerpo.

YA TIENE UNA FORMA MÁS HUMANA.

56

3

Para acabar le ponemos un vestido de payaso y lo ambientamos.

VISTE A TU PERSONAJE.

NIÑO

Dibujamos figuras geométricas simples.

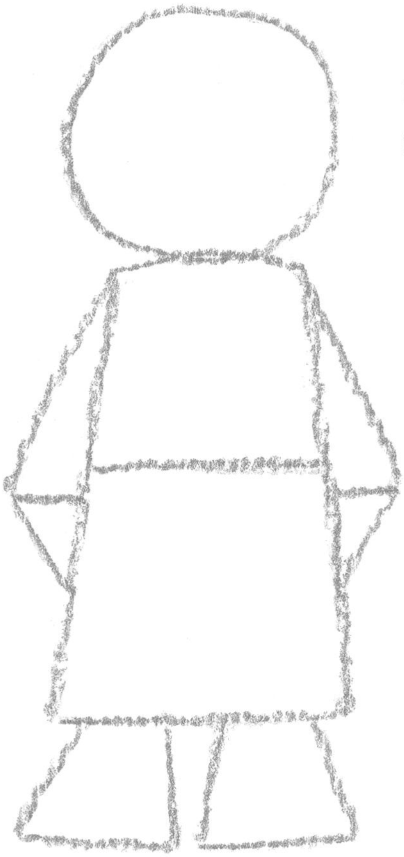

1

Hacemos el trazado de la camiseta y los pantalones.

2

Ahora los zapatos.

3

Seguimos dibujando la cara y las manos.

4

Atención:
últimos detalles.

5

Pintamos.

6

NIÑA

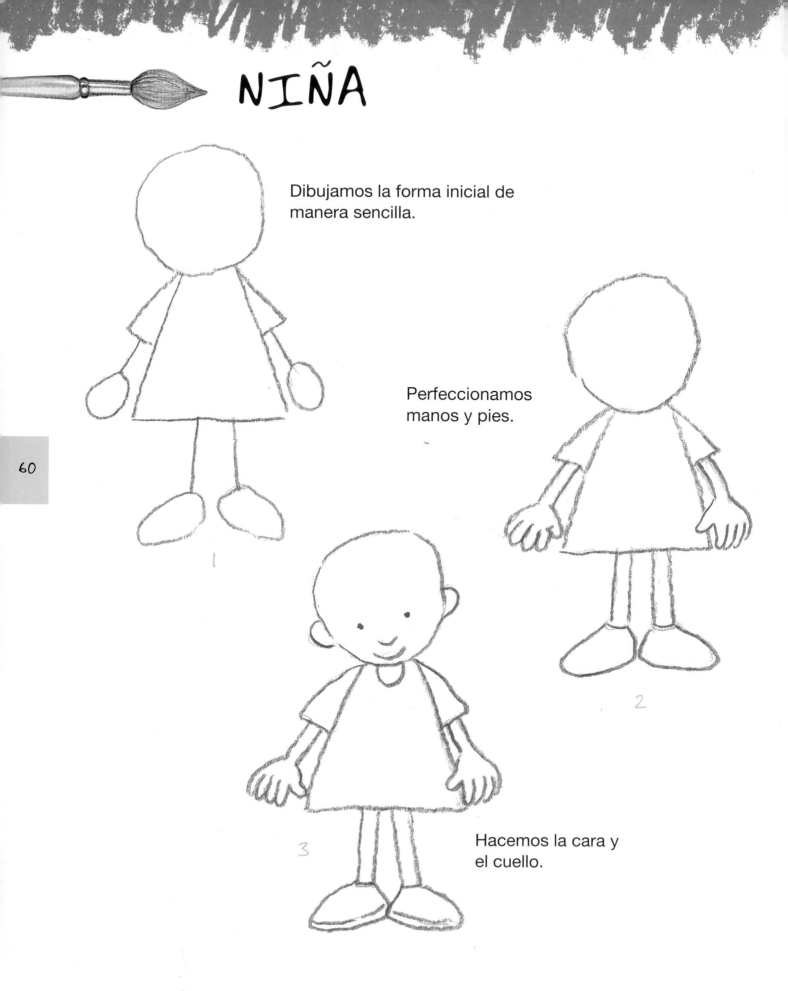

Dibujamos la forma inicial de manera sencilla.

Perfeccionamos manos y pies.

Hacemos la cara y el cuello.

El pelo con unas coletas divertidas.

Pintamos.

Ambientamos.

4

5

6

ABUELA

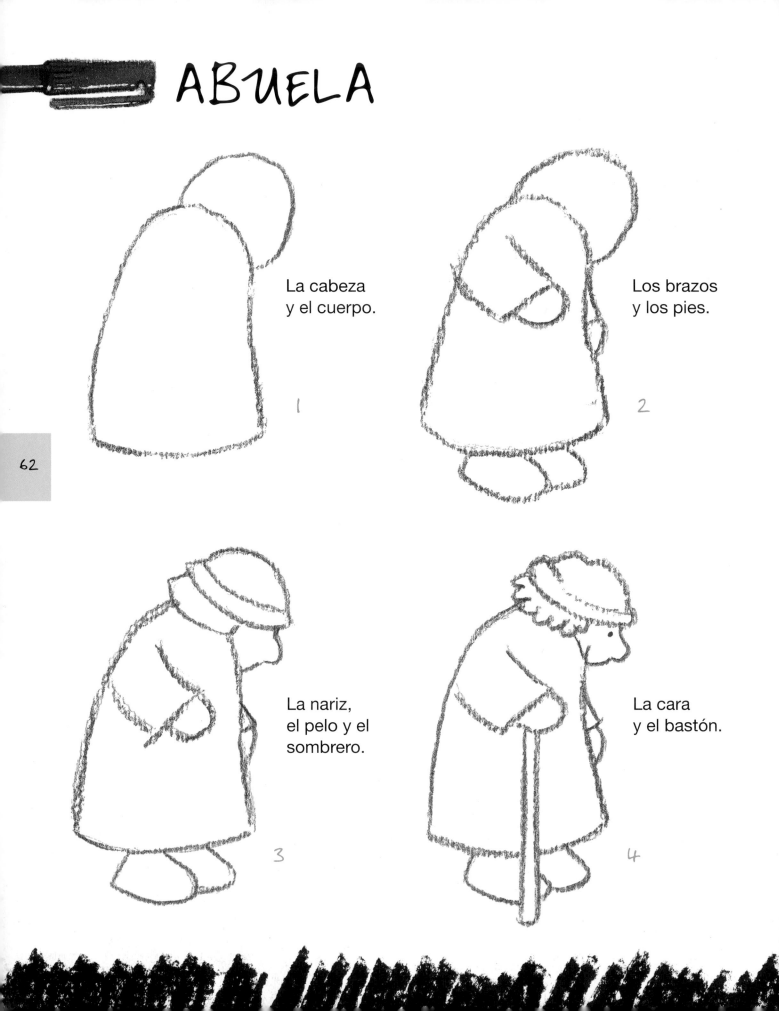

La cabeza
y el cuerpo.

1

Los brazos
y los pies.

2

La nariz,
el pelo y el
sombrero.

3

La cara
y el bastón.

4

62

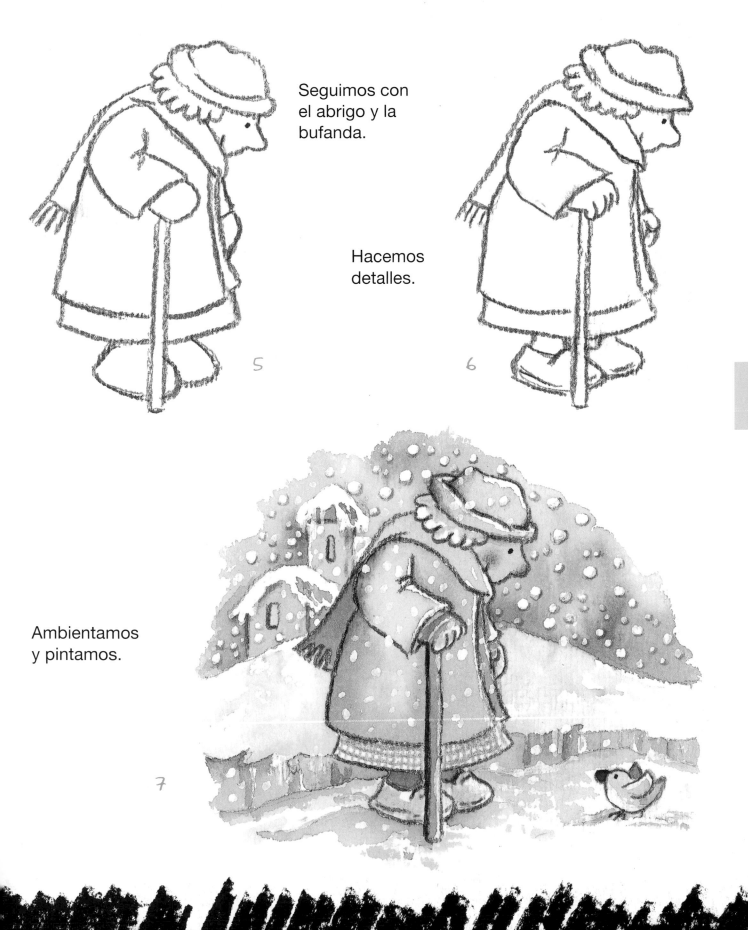

Seguimos con
el abrigo y la
bufanda.

5

Hacemos
detalles.

6

Ambientamos
y pintamos.

7

CAPERUCITA

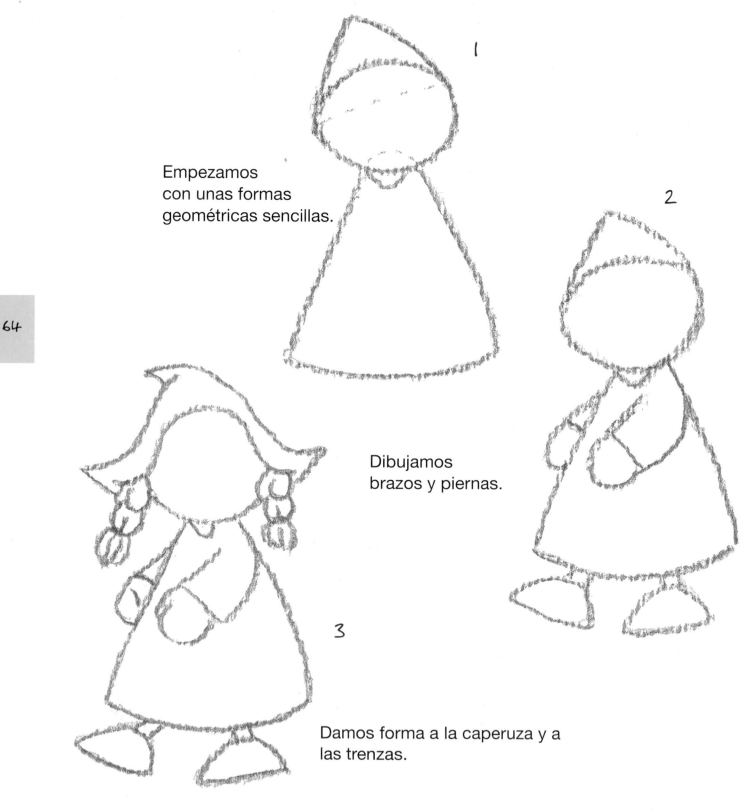

1

Empezamos
con unas formas
geométricas sencillas.

2

Dibujamos
brazos y piernas.

3

Damos forma a la caperuza y a
las trenzas.

Recordemos que
Caperucita llevaba un
cesto.

4

Últimos
detalles.

5

Perfeccionamos y
pintamos.

6

REY

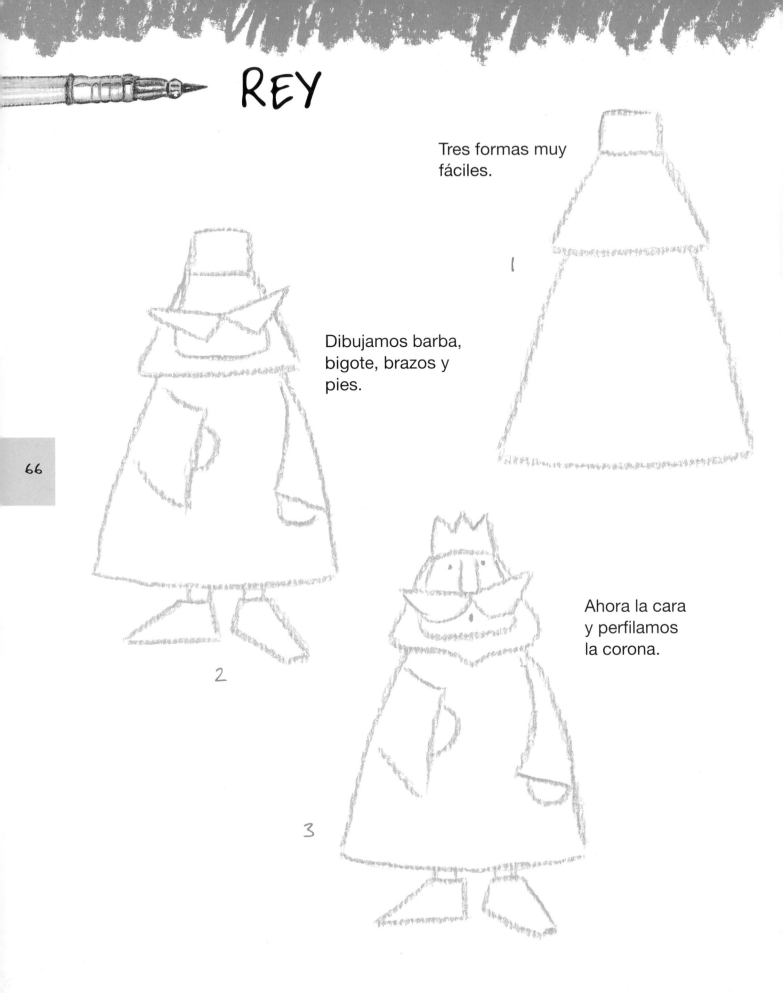

Tres formas muy fáciles.

1

Dibujamos barba, bigote, brazos y pies.

2

Ahora la cara y perfilamos la corona.

3

Le ponemos una capa bien elegante y un cinturón.

4

5

No puede haber
rey sin cetro.

6

Pintemos.

ENANO

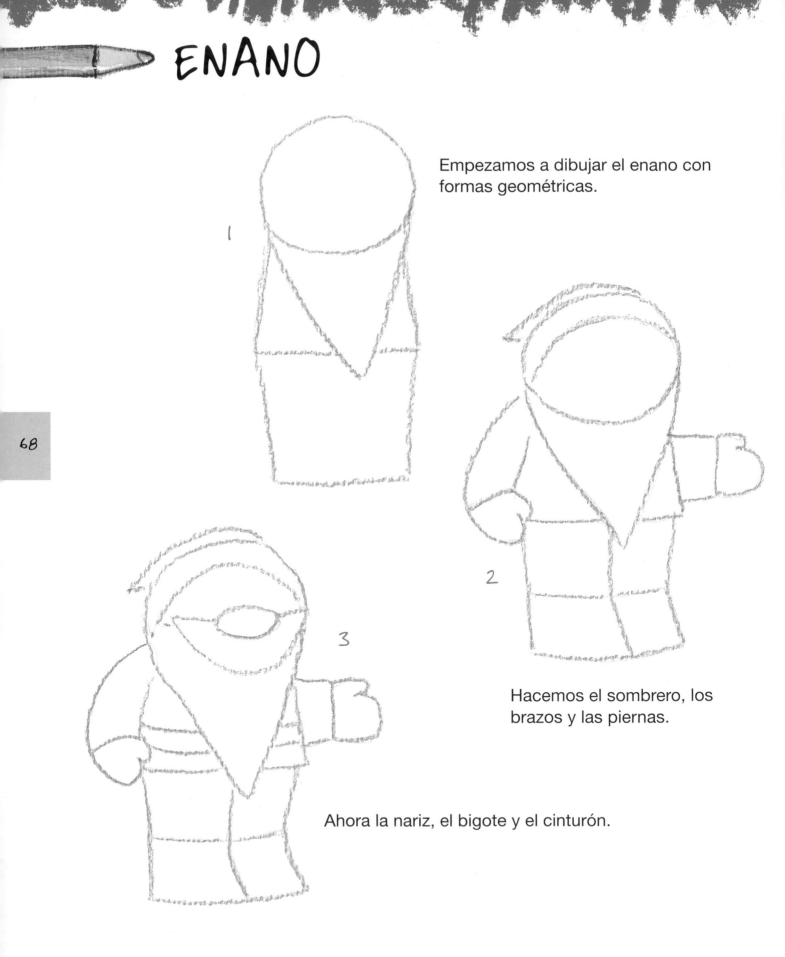

Empezamos a dibujar el enano con formas geométricas.

Hacemos el sombrero, los brazos y las piernas.

Ahora la nariz, el bigote y el cinturón.

Acabamos la cara, las manos y los pies.

4

5

Perfeccionamos.

6

Los enanos viven muchos, muchos años.
Son personajes alegres, amistosos
y generosos.
Destacan por su fuerza, por su agilidad
y su bondad.

HADA

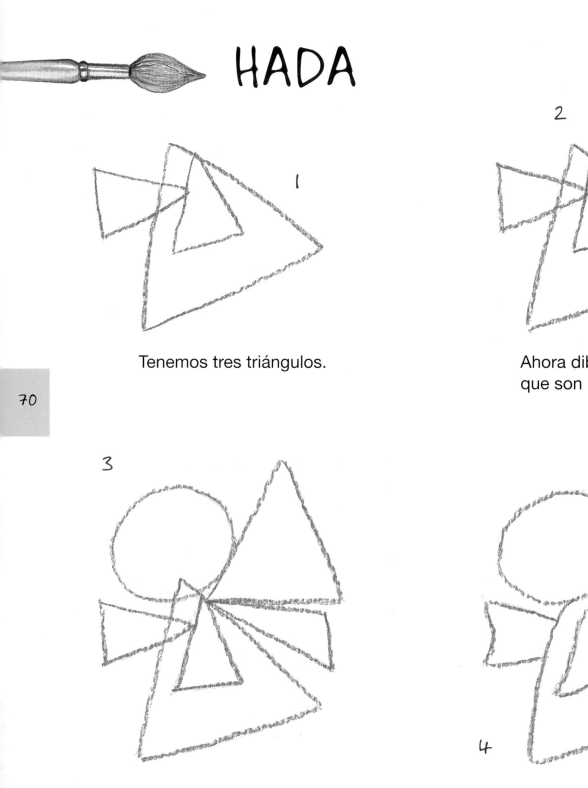

1

Tenemos tres triángulos.

2

Ahora dibujamos dos más, que son las alas.

3

En tercer lugar, la cabeza.

4

Damos forma.

5

Pasamos a dibujar manos y pies.

6

Hacemos la cara
y perfeccionamos.

7

Las hadas viven en los árboles
del bosque. También hay
algunas acuáticas.

OTRAS HADAS

Aquí tienes cuatro hadas más.
Observa, puedes dibujarlas en dos pasos.

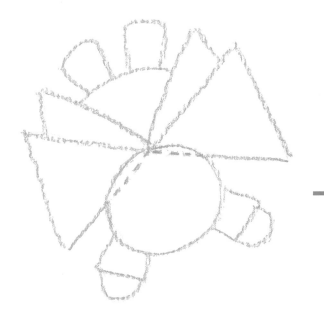

Les gusta mucho la miel, columpiarse
en las ramas del avellano y coleccionar objetos
brillantes.

DUENDES

Uno, dos, tres pasos y ya tenemos un duende.

1

2

3

Con ésta,
ya tienes tres
posiciones
diferentes.

PINTA A TUS DUENDES
EN UN SOTOBOSQUE.

TROLLS

Los trolls son unos personajes del bosque no demasiado listos pero llenos de fuerza física. ¡Y eso que no lo parece!
Tienen la nariz fea y las orejas grandes.

1

2

No son de fiar y
su aspecto es oscuro.

3

Son sucios y apestan.

Miden más de
un metro de alto.

1

2

3

El cuerpo es muy peludo
y tienen cola.

INVENTA TROLLS.

BRUJAS

La bruja se esconde en el bosque.
Le gusta vestirse con ropa oscura, generalmente llena de remiendos.

1

2

3

4

Vuela montada en
una escoba.

1

2

79

Las brujas
acostumbran a ser
malcaradas,
desaliñadas,
mentirosas y
presuntuosas.

3

4

BRUJO

Como cada vez dibujas mejor, ya puedes hacer
un brujo o un mago.
Primero dibujamos la cabeza con la barba y el cuerpo.

1

Ahora le hacemos
los brazos y la capa.
Marcamos el bastón.

2

Le hacemos cara de buena persona y perfeccionamos los detalles.

3

El brujo es el señor de los hechizos.
Utiliza hierbas del bosque para curar a los animales.

4

CASA

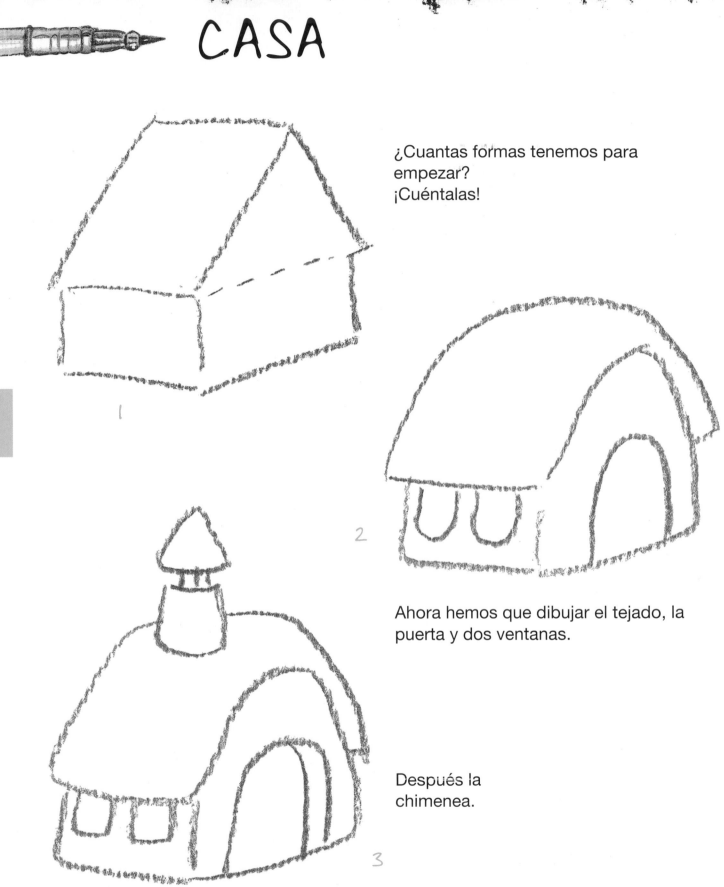

¿Cuantas formas tenemos para empezar?
¡Cuéntalas!

Ahora hemos que dibujar el tejado, la puerta y dos ventanas.

Después la chimenea.

Y para acabar, el camino.

4

Ambientamos y pintamos.

5

CASTILLO

Hacemos tres formas rectangulares.

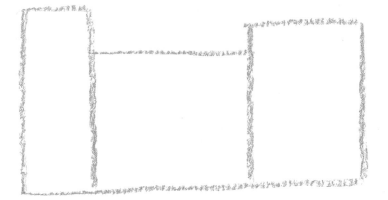

1

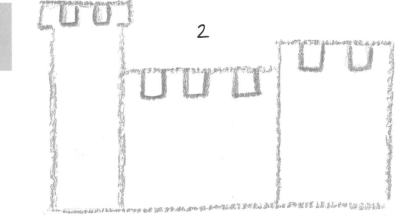

2

¡OBSERVA!
Dibuja esta línea
en la parte superior.

Ahora tenemos que
hacer una puerta
y un ventanal.

3

Para que sea un castillo
necesitamos torres.

4

Ya puedes colocar la
bandera y pintar.

5

EL COLOR

AMARILLO   AZUL    ROJO

Pintemos con estos tres colores primarios.
Observa que se consiguen tres nuevos colores.

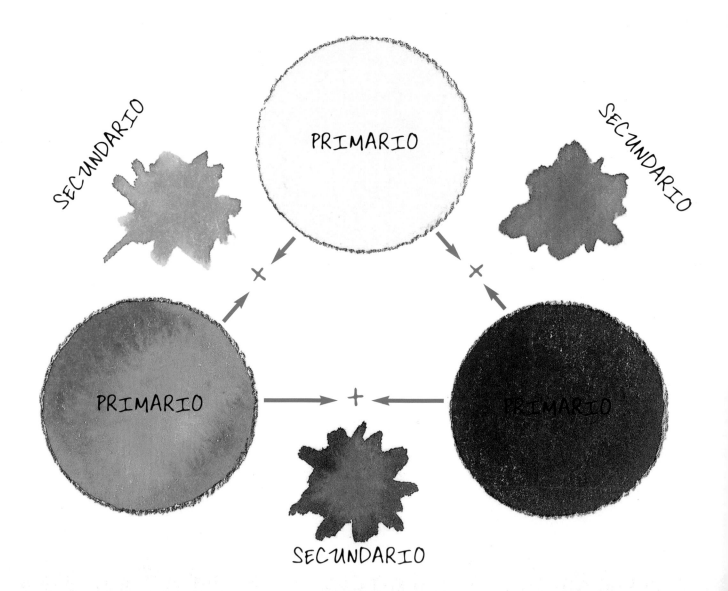

SECUNDARIO

PRIMARIO

SECUNDARIO

+

+

PRIMARIO

PRIMARIO

+

SECUNDARIO

AMARILLO + AZUL = VERDE

AZUL + ROJO = LILA

ROJO + AMARILLO = NARANJA

Haciendo mezclas de los colores primarios con los tres secundarios obtenemos nuevas tonalidades.

PRUEBA JUNTANDO DOS COLORES DIFERENTES.
¿QUÉ PASA?

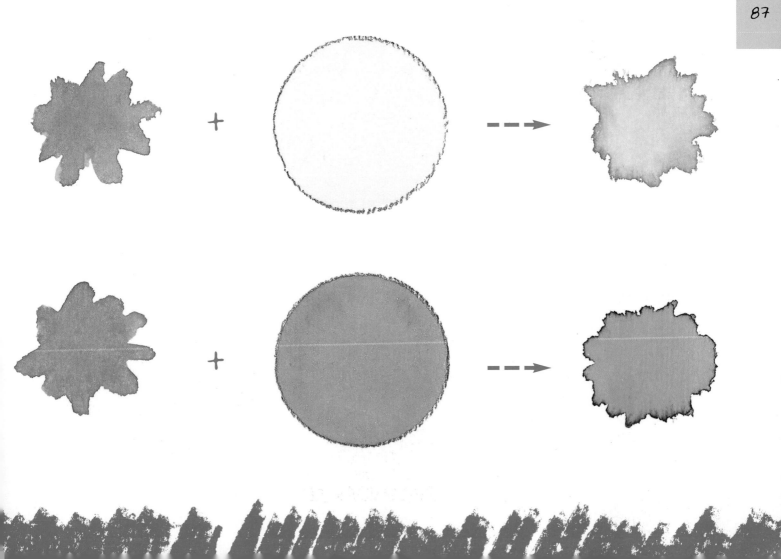

CÁLIDO Y FRÍO

A los colores también se les llama cálidos y fríos.
En los cálidos predomina el amarillo y el rojo.

En los fríos predomina el azul.

Los verdes que tienen más amarillo son más cálidos.

Los verdes que tienen más azul son fríos.

Inventa un dibujo y píntalo en tonos fríos y
después en tonos calientes.

COLORES COMPLEMENTARIOS

RECUERDA:
Los colores fríos dan más sensación de lejanía
y los cálidos de proximidad.

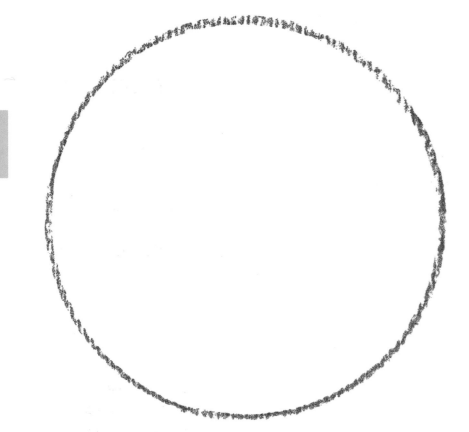

Hagamos un juego:
Dibuja un círculo como éste
en una cartulina blanca y
recórtalo.

Píntalo de color rojo.
Míralo unos 15 o 20
segundos con atención.
Después desvía los ojos
hacia una hoja
completamente blanca.
Verás una luz verde.

Haz lo mismo con otro círculo pintado de azul.
Verás una luz naranja.

Y ahora, con el amarillo, verás una luz lila.

Has decubierto los complementarios:

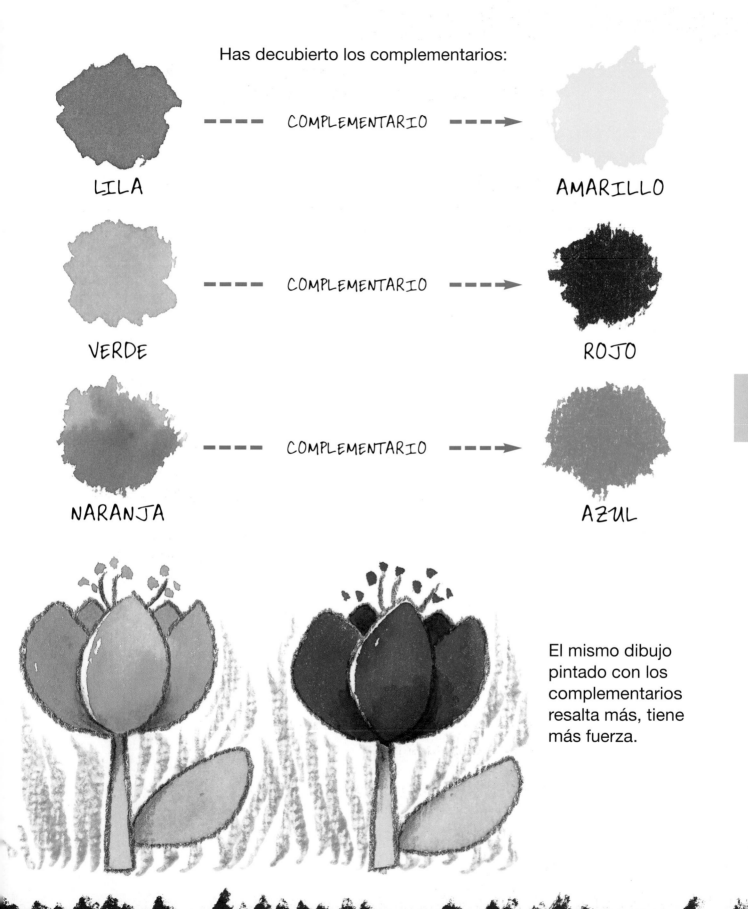

LILA - - - - - COMPLEMENTARIO - - - - -> AMARILLO

VERDE - - - - - COMPLEMENTARIO - - - - -> ROJO

NARANJA - - - - - COMPLEMENTARIO - - - - -> AZUL

El mismo dibujo pintado con los complementarios resalta más, tiene más fuerza.

CLARO Y OSCURO

Fíjate en estas manchas de color.

Las de arriba son más claras y las de abajo más oscuras.

Busca en tu casa objetos de color verde y mira cuáles son de tono más claro.
Haz lo mismo con objetos de otros colores.

Los tonos claros dan sensación
de alegría, de vitalidad.

Los tonos oscuros dan sensación de
calma y seriedad.

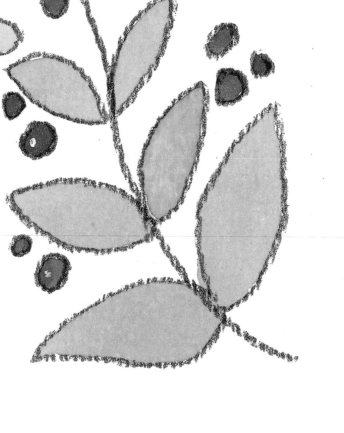

INVENTA UN DIBUJO.
Píntalo primero en tonos claros
y después en tonos oscuros.

APRENDER CON EL TACTO

1 Toca la corteza de los árboles sin mirar.

  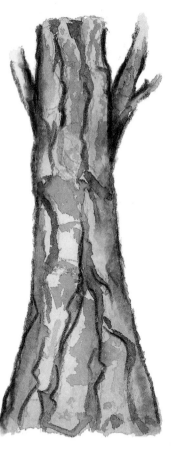 

Abre los ojos y fíjate muy atentamente
en los colores y las formas.

PINTA UN TRONCO EN UNA HOJA DE PAPEL.

2

Pasa el dedo por el contorno de
varias hojas.
Fíjate en las tonalidades.

DIBUJA TRES DIFERENTES.

3

Coge dos frutas de la misma
especie.
Míralas bien y tócalas.

¿QUÉ DIFERENCIAS HAY ENTRE ELLAS?

Seguro que ves un montón, porque ya has aprendido a observar
y eres un buen dibujante.

APRENDE A DIBUJAR

Texto e ilustraciones: Rosa M. Curto

Diseño y maquetación: Gemser
Publications, S.L.

© Gemser Publications, S.L. 2008

© de la edición: EDEBÉ 2008
Paseo de San Juan Bosco, 62
08017 Barcelona

ISBN: 978-84-236-8816-6

Impreso en China
Tercera edición, julio 2009